SMART-CRITERIA

Succesvoller worden door betere doelen
te stellen

Specific
Mesurable
Assignable
Relevant
Time-based

AF388304

NUTES.com

SMART-CRITERIA

Succesvoller worden door betere doelen te stellen

geschreven door Guillaume Steffens
vertaald door Nikki Claes

SMART-CRITERIA

BELANGRIJKE INFORMATIE

- **Namen:** SMART-doelen, SMART-criteria, SMART-methode, SMART-doelstellingen, SMARTER-methode

- **Gebruikt:**

  - Bij management en projectbeheer worden de SMART-criteria gebruikt om doelstellingen en effectieve *key performance indicators* (KPI's) te definiëren en de verwezenlijking ervan te vergemakkelijken.

  - Op het gebied van menswetenschappen en persoonlijke ontwikkeling worden ze gebruikt om leerdoelen vast te stellen.

- **Waarom is het succesvol?** Het principe is eenvoudig: een doelstelling moet aan vijf criteria voldoen om haar relevantie te bevestigen. Ze moet specifiek, meetbaar, toewijsbaar (komt van *assignable*), realistisch en tijdsgebonden zijn. Met het mnemotechnische acroniem SMART kan je deze elementen in gedachten houden, die je helpen realistische doelen te stellen.

- **Trefwoorden:**

  - <u>Key performance indicator (KPI):</u> soort meting voor het evalueren van effectiviteit of efficiëntie

  - <u>Doelstelling:</u> het ideale resultaat van de uitvoering van specifieke acties

- Projectbeheer: het organiseren van alle acties om een bepaald doel te bereiken

INLEIDING

In 1954 definieerde Peter F. Drucker (adviseur bedrijfs-beheer, 1909 – 2005) het concept van *management by objectives* (MBO) in zijn boek "The Practice of Management", d.w.z. het vaststellen van kwantitatieve en/of kwalitatieve doelstellingen binnen een bepaalde termijn. Hij preciseerde ook dat de werknemers betrokken moeten worden bij het bepalen van de doelstellingen om vervolgens hun prestaties te kunnen meten en evalueren. Zonder formeel het SMART-acroniem te gebruiken, legde Drucker de basis van dit concept.

BEDRIJFSMANAGEMENT

In de loop van de 20ste eeuw onderzochten vele auteurs de kwaliteiten die nodig zijn om een goede leider te zijn. Dat was het geval met Kenneth Blanchard (Amerikaans leiderschaps- en managementdeskundige, geboren in 1939) en Paul Hersey (Amerikaans psycholoog, 1931 – 2012) die het idee verdedigden dat iemand die in staat is doelen te stellen en zijn leiderschap daaraan aan te passen, een goed leider is.

Pas toen George T. Doran (hoogleraar management, 1939 – 2011) het artikel "There's a S.M.A.R.T. Way to Write Management's Goals and Objectives" (Doran, 1981) publiceerde, verscheen het begrip SMART-doelstellingen. Doran stelt dat niet alle doelstellingen aan de SMART-criteria hoeven te voldoen en dat het nuttiger is ze als richtlijnen te gebruiken.

DEFINITIE VAN HET MODEL

Het SMART-acroniem verwijst naar vijf concepten waarnaar voortdurend moet worden verwezen bij het vaststellen van doelstellingen, om hun relevantie te valideren. In volgorde zijn de begrippen specifiek (S), meetbaar (M), toewijsbaar (A), realistisch (R) en tijdsgebonden (T).

Oorspronkelijk werd dit model gebruikt om de bijzonderheden van een doelstelling of een concrete indicator vast te stellen in een management- of projectmanagementsetting, waarbij het erom gaat het abstracte idee te overwinnen en effectief actie te ondernemen. Door de eenvoud van het instrument is het ook gebruikt in andere domeinen, zoals human resources, waar het uiteindelijke doel is persoonlijke ontwikkeling aan te moedigen en de efficiëntie van de werknemers te verhogen. Deze techniek kan ook individueel worden gebruikt (door SMART persoonlijke doelstellingen te bepalen) of in een team (een manager kan doelstellingen bepalen die de groep samen moet bereiken).

Hoewel er verschillende alternatieven voor dit acroniem bestaan, worden hier alleen de meest voorkomende varianten geanalyseerd.

THEORIE

SMART-CRITERIA

We kunnen een doel definiëren als het resultaat van een reeks doelstellingen die moeten worden bereikt, maar ook de doelstellingen zelf kunnen worden onderverdeeld in een reeks subdoelstellingen. Bijvoorbeeld, om de verkoop te zien stijgen (het einddoel), zal de manager zich als doel stellen 100 nieuwe klanten te winnen.

De criteria zijn de noodzakelijke elementen voor de beoordeling van een doelstelling, terwijl de indicatoren worden gebruikt om na te gaan of ze worden gehaald. Zo kan een criterium voor de vaststelling van de termijn voor de verwezenlijking van een doelstelling worden gecontroleerd door een tijdsindicator, zoals "binnen een week".

Zowel managers als werknemers kunnen zich beroepen op de SMART-criteria. De managers zullen geneigd zijn doelstellingen vast te stellen voor het team waarvoor zij verantwoordelijk zijn, terwijl de werknemers persoonlijke doelstellingen zullen vaststellen.

Laten we beginnen met de vijf elementen waaruit het SMART-acroniem volgens George T. Doran bestaat nader te bekijken.

- **Specifiek:** de doelstelling moet betrekking hebben op een specifiek element. Dit criterium vermijdt te ruime – en dus te vage – formuleringen zoals "de winst van de onderneming verhogen". Een betere optie zou zijn "de kosten van machine A verlagen", waarbij de voordelen kunnen worden gekwantificeerd. In dit voorbeeld wordt "de winst van de onderneming verhogen" beschouwd als het einddoel dat zal worden bereikt door de kosten van een machine te verlagen. Door een doelstelling nauwkeurig te definiëren, worden de acties die nodig zijn om haar te bereiken duidelijker. Er kunnen subdoelstellingen worden toegevoegd (vermindering van het uitvalpercentage, het aantal storingen, ...) Een goede doelstelling wordt volgens dit criterium gedefinieerd door deze hoofdaspecten: ze is van toepassing op een omgeving of een precieze plaats en heeft ook een specifieke financiering.

- **Meetbaar:** het is essentieel om rekening te houden met dit aspect dat het mogelijk maakt resultaten te meten bij het vaststellen van doelstellingen in het bedrijfsleven. Daartoe moet de onderneming over betrouwbare middelen beschikken om enerzijds toegang te krijgen tot de gegevens en anderzijds deze correct te interpreteren. Het is niet altijd mogelijk of gemakkelijk om een doelstelling te kwantificeren, aangezien sommige meer kwalitatief dan kwantitatief zijn. Zo is bijvoorbeeld de doelstelling om het imago van de onderneming te verbeteren moeilijk te kwantificeren. Toch is het noodzakelijk deze component aan te pakken. In dit geval is het mogelijk onderzoek te verrichten en numerieke gegevens te verzamelen (de perceptie van de onderneming door het publiek op een schaal van 1 tot 10) en vervolgens de doelstelling aan te passen.

- **Toewijsbaar:** een of meerdere personen moeten duidelijk worden aangewezen als verantwoordelijk voor de verwezenlijking van de doelstelling. Dit kunnen interne of externe medewerkers van het bedrijf zijn. Je kan ook een persoonlijke doelstelling vaststellen.

- **Realistisch:** dit concept beoogt een onderscheid te maken tussen de ideale situatie – die moeilijker te verwezenlijken is – en de concrete doelstelling. De doelstelling moet kunnen worden bereikt met de huidige middelen van de onderneming of met nieuwe middelen die redelijk gemakkelijk toegankelijk zijn. Bij de vaststelling van de doelstelling moet ook rekening worden gehouden met de geldende wetgeving, wil deze realistisch zijn. Dit criterium zal van invloed zijn op de motivatie en de betrokkenheid van de werknemers, dus het moet ook een evenwicht vinden tussen een uitdagende en haalbare doelstelling. Het kan nuttig zijn te denken aan een andere, minder ambitieuze doelstelling in geval van mislukking.

- **Tijdsgebonden:** het is belangrijk om bij het definiëren van de doelstelling een termijn vast te stellen. Zonder tijdsaanduidingen kan de doelstelling haar concrete karakter verliezen, waardoor niet kan worden nagegaan of zij al dan niet is bereikt.

De vijf elementen die hier worden voorgesteld zijn die van George T. Doran. We zullen in het hoofdstuk "Uitbreidingen en verwante modellen" zien dat er verschillende variaties zijn.

VOORDELEN VAN HET MODEL

Hoewel de eenvoud en het geheugensteuntje van het acroniem de belangrijkste voordelen van het model zijn, zijn er nog andere:

- Ten eerste bevordert het model het bereiken van concrete resultaten door de nadruk te leggen op de tastbare en kwantificeerbare aspecten van de doelstellingen.

- Ten tweede kan het worden toegepast op verschillende gebieden en zelfs in het persoonlijke leven van mensen.

- Ten slotte maken de SMART-criteria de doelstelling compleet en vereisen ze weinig of geen aanvullende details.

PRAKTISCHE TOEPASSING

Hoewel de SMART-methode relatief simplistisch lijkt, moet je ervoor zorgen dat je de stappen zorgvuldig volgt wanneer je een of meer doelstellingen vaststelt, zodat je ze binnen een bepaalde tijd bereikt en tegelijkertijd de vele potentiële valkuilen vermijdt.

ADVIES EN TIPS

Regel nr. 1 – Een doelstelling moet specifiek zijn

Ongeacht het gebied begint de reflectie meestal met het eerste criterium: de specificiteit van de doelstelling. Dit dient om managers eraan te herinneren dat zij nauwkeurig moeten zijn en voortdurend rekening moeten houden met alle aspecten van de doelstelling die zij willen definiëren. Bij projectbeheer of marketing is de eerste vraag die gesteld moet worden: "Zal ik verschillende doelstellingen toewijzen aan elke werknemer of één algemene doelstelling aan het afdelingshoofd?". Als een manager verschillende doelstellingen wil toewijzen aan elke werknemer, is de kans groot dat hij eerst één algemene doelstelling vaststelt, alvorens die te verdelen over de verschillende afdelingen en werknemers. Hij kan er ook voor kiezen een algemene doelstelling vast te stellen en de afdelingsleiders te vragen subdoelstellingen aan hun teams toe te wijzen. Als ze op een participatieve manier worden vastgesteld, werken de werknemers rechtstreeks mee aan de vaststelling van de doelstelling: ze maken zelf deel uit van het project en kunnen hun mening geven. Deze aanpak zorgt voor een grotere betrokkenheid vanuit hun kant, aangezien zij vanaf het begin van het proces betrokken zijn.

Regel nr. 2 – Een doelstelling moet meetbaar zijn

Wat de kwantitatieve of kwalitatieve meetbaarheid van de doelstelling betreft, moet de doelstelling niet alleen in cijfers worden uitgedrukt, maar moet ook worden nagegaan hoe deze cijfers kunnen worden verkregen. Dat is niet altijd gemakkelijk te vatten, aangezien informatie duur is (bv. uitgebreid marktonderzoek) of moeilijk objectief te analyseren (bv. het creëren van een kwaliteitsproduct).

Indien de onderneming niet beschikt over een afdeling die die gegevens kan consolideren, is het in dit stadium van belang een volledig overzicht van de gegevens op te stellen dat gemakkelijk toegankelijk is via een intern netwerk. Een organisatie beschikt vaak over meer middelen dan de persoon die informatie zoekt zou denken, ook al zijn ze verdeeld over verschillende afdelingen (boekhouding, marketing, financiën, ...). De op een bepaald moment verzamelde gegevens moeten worden opgeslagen, omdat zij dienen als referentiepunt om de na de vastgestelde termijn geregistreerde resultaten te vergelijken.

Hoewel het begrip evaluatie impliciet in het model aanwezig is, is het toch belangrijk te bedenken dat deze stap de manager achteraf aanzienlijk zal helpen wanneer hij de uiteindelijke resultaten van de doelstelling beoordeelt. In sommige gevallen kan het nuttig zijn om verschillende scenario's te voorspellen, afhankelijk van de grenzen die zullen worden gehanteerd om te bepalen of de doelstelling is bereikt: als het doel is de verkoop met 25% te verhogen, op welk punt is de manager dan tevreden of, omgekeerd, op welk punt besluit hij van strategie te veranderen? Is 25% een harde ondergrens of zou een stijging van 20% al als een succes worden beschouwd zonder de strategie ter discussie te stellen? De manager zal anders reageren als hij een omzetstijging van 15% of 20% vaststelt, terwijl hij rekende op een stijging van 25%. Afhankelijk van deze scenario's kunnen verschillende soorten corrigerende maatregelen worden toegepast.

Regel nr. 3 – Een doelstelling moet toewijsbaar zijn

Vervolgens wordt de doelstelling toegewezen aan het juiste personeelslid, team, extern persoon of organisatie, afhankelijk van de beschikbare middelen en de kosten van uitbesteding. In de praktijk blijkt dat sommige managers er de voorkeur aan geven een verantwoordelijke aan te wijzen alvorens de praktische vragen in verband met de evaluatie van de resultaten aan te pakken. Op die manier kan een manager samen met de vertegenwoordiger die de taak heeft gekregen, het aantal verkopen bepalen dat hij moet realiseren, op basis van de verkopen die hij het voorgaande jaar heeft geregistreerd.

Regel nr. 4 – Een doelstelling moet tijdsgebonden zijn

Vervolgens is het tijd om te bepalen wanneer de doel-stelling kan/moet worden voltooid. Het is de verant-woordelijkheid van de manager om een strategie te ontwikkelen om ervoor te zorgen dat de termijnen wor-den nageleefd. Aangezien het raadzaam is enige flexibi-liteit te bieden in geval van onvoorziene omstandigheden, zal de manager trachten een strakkere planning aan zijn werknemers mee te delen. Deze truc moet echter niet te veel worden toegepast, want hoe korter de tijd, hoe meer druk op de werknemers. Het kan ook verstan-dig zijn het Gantt-diagram te gebruiken om subdoel-stellingen te plannen om controle te bewaren over het proces van het bereiken van de doelstellingen.

 ## Het Gantt-diagram

Het Gantt-diagram (in 1910 bedacht door de Amerikaanse ingenieur en managementadviseur Henry L. Gantt, 1861 – 1919) wordt vooral gebruikt als instrument voor projectbeheer. Het geeft een over-zicht van de verschillende uit te voeren taken (weerge-geven door horizontale balken) en hun mogelijke overlapping in de tijd. Er bestaan tegenwoordig vele soorten software, al dan niet gratis, om dit soort diagrammen te maken.

Regel nr. 5 – Een doelstelling moet realistisch zijn

Ten slotte moet je ervoor zorgen dat de doelstelling haalbaar is. Dit concept is het meest subjectieve element van het model en het is aan de manager om de doelstelling te beoordelen met behulp van de beschikbare instrumenten (statistische analyse, marktonderzoek, tevredenheidsonderzoeken, …) en zijn eigen intuïtie. Daartoe zal hij gebruik moeten maken van:

- concrete cijfers om de verwachte situatie in te schatten

- eerdere ervaringen

- voorspellingen om de toekomstige situatie te beoordelen

De manager kan ervoor kiezen het realistische aspect van de doelstelling te controleren op basis van enkele of alle bovengenoemde begrippen. In het laatste geval zal hij vooraf nagaan of de aan het project toegewezen mensen over voldoende middelen beschikken om de doelstelling tijdig te bereiken. Dit criterium is volgens ons het moeilijkst te vatten en zal ook het meest betwist worden.

 **WIST JE DAT?**

"Intuïtie" in management verwijst naar de emotionele en onbewuste elementen die niet altijd door objectieve gegevens worden gerechtvaardigd en die de manager leiden bij zijn besluitvorming. De manager kan aanvoelen of het nieuwe project al dan niet kan worden verwezenlijkt, afhankelijk van zijn ervaring in soortgelijke situaties.

Hoewel de SMART-methode wordt gebruikt om doelstellingen correct te definiëren, mag zenooit worden gebruikt als een allesomvattende checklist bij het vaststellen van een doelstelling; sommige elementen van het acroniem kunnen ontbreken. Zo zou een doelstelling die niet meetbaar is, zeker minder gemakkelijk uitvoerbaar zijn, maar niet noodzakelijk nutteloos.

PRAKTIJKVOORBEELDEN

Ter illustratie van de theorie zie je hier twee voorbeelden van SMART-doelstellingen op twee verschillende gebieden: projectbeheer en persoonlijke ontwikkeling.

SMART-criteria in projectbeheer

> *Onderneming A investeert in een nieuwe machine om de productie van tabletten te verhogen. Op 5 januari formuleert de manager zijn SMART-doelstelling als volgt: "In het tweede kwartaal zal George Dupond, die verantwoordelijk is voor het project, dankzij de nieuwe AX-02 machine een effectieve verhoging van het productieniveau met 10 000 extra eenheden per maand laten zien."*

• **Sterkte:** deze doelstelling voldoet aan alle criteria van SMART-doelstellingen. De manager kan evalueren of de doelstelling daadwerkelijk wordt bereikt in de gekozen tijdsperiode. In dit voorbeeld is het gemakkelijk om bijvoorbeeld de productie te vergelijken met die van december (uitgaande van een constante productie) en na te gaan of de productie in het tweede kwartaal is gestegen.

- **Zwakte:** het tijdschema is vrij vaag. Werknemers zullen geneigd zijn de deadline te beschouwen als het einde van het tweede kwartaal, terwijl het voor de manager het begin van het tweede kwartaal is. Om verwarring te voorkomen, moet je een zo nauwkeurig mogelijke doelstelling vaststellen.

Om het meetbare deel van de doelstelling vast te stellen, zal de manager zich baseren op eerdere gegevens. Hij kan dan bijvoorbeeld het stijgingspercentage ten opzichte van het voorgaande jaar berekenen. Hij zal er ook voor zorgen dat het mogelijk is deze extra productie te verkopen door specifiek marktonderzoek uit te voeren. Aan de hand van de specificaties van de machine en de productiviteit van de werknemers zal hij nagaan of dit realistisch is.

 ## SPECIAAL GEVAL: PROJECT MET SUBDOELSTELLINGEN

Indien onderneming A zich ervan bewust wordt dat de productie van tabletten complexer is dan eerder gedacht, zal zij twee subdoelstellingen specificeren om de 10 000 extra eenheden te bereiken.

1. **Nieuwe grondstoffen vinden om meer producten te vervaardigen.** Zo zal de inkoopmanager (toewijsbaar) voor het einde van de maand (tijdsgebonden) de leveranciers beoordelen, met hen contact opnemen en een contract sluiten met degene die de beste deal biedt (specifiek en meetbaar). Deze doelstelling lijkt realistisch en acceptabel, aangezien dit soort taak niet buiten de expertise van de inkoopmanager valt.

2. **De machine-instellingen optimaliseren om het afval tot een minimum te beperken.** Deze zal de beste combinatie van verschillende instellingen vinden (specifiek) – bijvoorbeeld de grootte en vorm van de matrijs en de hoeveelheid plastic. Aangezien de productie over anderhalve maand moet beginnen, moeten alle aanpassingen vóór die datum zijn uitgevoerd (tijdsgebonden). Concreet zullen de factoren die een product defect maken moeten worden verwijderd met behulp van software die alle mogelijkheden berekent en op basis van het defectpercentage de beste bepaalt (meetbaar). Wil deze doelstelling realistisch zijn, dan moet de inkoopmanager snel over de betreffende software beschikken en zo snel mogelijk technische kennis opdoen om deze effectief te kunnen gebruiken.

SMART-criteria om leerdoelen vast te stellen

Augustin, een jonge afgestudeerde letterkundige, wil websites maken, maar weet niets van programmeren. Hij koopt een boek om in minder dan een maand tijd zijn eerste persoonlijke website te maken: die moet een menu en een tiental webpagina's bevatten. Elke ochtend leest hij ongeveer 15 bladzijden uit dit boek en voltooit geleidelijk het project.

Het belangrijkste verschil tussen leerdoelstellingen en andere doelstellingen ligt in de aanpassing van het criterium acceptabel in ambitieus (bij een leerdoelstelling heeft de term ambitieus de voorkeur, omdat men ervan uitgaat dat het doel altijd persoonlijk is). Dit betekent geenszins dat de doelstellingen bij projectbeheer of marketing niet ambitieus mogen zijn. Ook hier willen wij benadrukken dat de SMART-methode moet worden gebruikt als een instrument om resultaten te bereiken en niet als een checklist.

IMPACT

BEPERKINGEN EN KRITIEK OP HET MODEL

Onthoud: niet alle doelstellingen hoeven noodzakelijk SMART te zijn. George T. Doran ontwierp het acroniem niet als checklist, maar als hulpmiddel bij het formuleren van doelstellingen om tastbare resultaten te bereiken. Daarom:

- Het is niet raadzaam dit model algemeen te gebruiken telkens je een doelstelling wil vaststellen. In feite is de SMART-methode niet altijd geschikt voor het vaststellen van langetermijndoelstellingen, omdat het realistische aspect een rem kan zetten op doelstellingen die als te ambitieus worden ervaren.

- Niet alle resultaten kunnen objectief worden gemeten. De onderneming beschikt ook niet altijd over de nodige vaardigheden of financiële middelen om informatie te verkrijgen en te interpreteren. Dit betekent echter geenszins dat zij moet afzien van het vaststellen van doelstellingen.

- Aanpassing van de doelstelling is niet echt mogelijk binnen het SMART-model (behalve met een variant van de A als aanpasbaar, zoals hieronder besproken). Soms is het echter belangrijk om rekening te houden met mogelijke veranderingen in de omgeving waarin de onderneming opereert.

Ook de Amerikaanse ondernemer en docent Brendon Burchard (oprichter van de Experts Academy, geboren in 1977) betoogt dat niet alle doelstellingen SMART moeten zijn en toont dit aan met diverse voorbeelden. Zo was de doelstelling van Christoffel Columbus om via de Atlantische Oceaan India te bereiken verre van SMART. Het was destijds niet echt realistisch omdat het tijdschema onzeker was. Wat het meetbare aspect betreft, dit kon alleen op een binaire manier: het doel is bereikt of niet. Burchard herinnert eraan dat het belangrijk is idealen voor ogen te houden en stelt een ander acroniem voor, DUMB, dat het tegenovergestelde is van het SMART-model.

Hij pleit vooral tegen het realistische karakter van SMART-doelstellingen, omdat dit waarschijnlijk het moeilijkst te beoordelen is. Volgens hem is het noodzakelijk om een uitdagende doelstelling vast te stellen, zolang deze haalbaar is. Als de relevante variant de voorkeur krijgt, moet vervolgens worden gekeken naar de prioriteiten van de onderneming. Als de prioriteit op lange termijn het verlagen van de kosten is, zou een doelstelling die tot doel heeft waarde toe te voegen aan het product hiermee in strijd zijn en niet relevant. De relevantie van de doelstelling wordt daarom beoordeeld in termen van de langetermijnprioriteiten van de onderneming, of van het individu in het geval van leerdoelstellingen.

VERWANTE MODELLEN EN UITBREIDINGEN

Interpretaties van het SMART-model

Door zijn populariteit kent het SMART-model vele variaties. In onderstaande tabel staan de meest voorkomende:

Het is gebruikelijk om de volgende combinatie te zien: Specifiek, Meetbaar, Acceptabel, Realistisch en Tijdsgebonden. Zorg er in dit geval voor dat de criteria realistisch en acceptabel samen worden gebruikt, waarbij het criterium acceptabel in de plaats komt van relevant; een model dat zowel acceptabel als relevant bevat, zou zinloos zijn. Het criterium relevant geeft een extra dimensie, maar gaat voorbij aan het concept van het toewijzen van verantwoordelijkheid voor het project.

Daarom adviseren wij het laatste te blijven gebruiken, aangezien de relevantie zowel in het specifieke criterium als in het model als geheel is opgenomen.

SMARTER-model

Het SMART-model heeft een aanvullende uitbreiding: SMARTER. De aanvullende E en R verwijzen naar Evaluatie en Revisie. Evaluatie achteraf is gekoppeld aan het meetbare aspect. Hoewel het impliciet aanwezig is in het SMART-model, met name in de M, moet dit nu duidelijk worden vastgesteld om de volgende vragen te kunnen beantwoorden:

- Wie heeft de leiding?

- Hoe kan het worden bereikt?

De revisie zelf vereist noodzakelijke aanpassingsmaatregelen naar aanleiding van de evaluatie.

DUMB-model

Gezien de populariteit van het SMART-model wilde Brendon Burchard (enigszins schalks) het gebruik en de legitimiteit ervan in twijfel trekken. Hij stelde toen een nieuw acroniem voor dat meer ambitie en minder realisme toelaat: de DUMB-criteria, waarvan het semantische veld het rechtstreekse tegenovergestelde is van de SMART-criteria.

De 4 elementen die het acroniem vormen zijn:

- **Droomgedreven:** De doelstellingen moeten worden geleid door een droom. Net als Christoffel Columbus moeten individuen en bedrijven een ideaal stellen dat zij willen bereiken. Een bedrijf moet bijvoorbeeld streven naar de beste kwaliteit in zijn gebied.

- **Opbeurend:** In dit geval speelt de formulering van de doelstelling een belangrijke rol, omdat deze motiverend moet zijn. Burchard illustreert dit aan de hand van het voorbeeld van gewichtsverlies. Hij zegt dat de doelstelling niet op een negatieve manier moet worden geformuleerd, maar eerder als "eruitzien als een supermodel", wat positiever klinkt en dus meer inspirerend is.

- **Methodevriendelijk:** Er moet een duidelijke methodiek worden ontworpen die de persoon die het doel nastreeft in staat stelt zich te disciplineren om het doel te bereiken. Met leerdoelen kan je dagelijkse activiteiten bedenken om je niveau in de discipline te verbeteren.

- **Gedragsgestuurd:** Ditmaal gaat het om een gedragsverandering die het verschil moet maken: om hun dromen te verwezenlijken moeten mensen zichzelf niet te veel onder druk zetten, want gedrag heeft een directe invloed op de positieve impact van leren en presteren.

SAMENVATTING

- Het SMART-model (een acroniem voor Specifiek, Meetbaar, Toewijsbaar, Realistisch en Tijdsgebonden) is een instrument dat wordt gebruikt bij het vaststellen van doelstellingen op het gebied van projectbeheer en persoonlijke ontwikkeling.

- De eenvoud en het geheugensteuntje, waardoor het gemakkelijk te onthouden is, zijn de belangrijkste redenen voor het succes.

- Er bestaan vele varianten van het model. Een van de bekendste is het SMARTER-model, dat de criteria evaluatie en herziening toevoegt.

- Het realistische aspect ervan is bekritiseerd omdat het weinig ruimte laat voor dromen en ambities, waardoor het niet geschikt is voor langetermijndoelstellingen.

- Het vaststellen van subdoelstellingen kan essentieel zijn voor het voltooien van complexe projecten.

- De manager kan ervoor kiezen om:
  - de doelstelling eerst toe te wijzen alvorens deze verder uit te werken, of omgekeerd;
  - de werknemers al dan niet betrekken bij het vaststellen van de doelstellingen.

- Bedenk dat dit een methode is om resultaten te boeken, geen checklist. Daarom moeten niet altijd alle criteria in aanmerking worden genomen.

VERDER LEZEN

BIBLIOGRAFIE

Burchard, B. (2014). Slimme doelen zijn DUMB. *Het geladen leven*. [Podcast]. [Online]. [Accessed 31 March 2015]. Beschikbaar op https://itunes.apple.com/gb/podcast/charged-life-brendon-burchard/id821746377?mt=2

Doran, G. T. (1981). Er is een S.M.A.R.T.-manier om de doelstellingen van het management te schrijven. *Management Review*. 70(11), pp. 35-36.

Drucker, P. F. (1954) *De praktijk van het management*. New York: HarperCollins Publishers.

Haughey, D. (2014). Een korte geschiedenis van SMART-doelstellingen. *Project Smart*. [Online]. [Geraadpleegd op 31 maart 2015]. Beschikbaar op http://cdn.projectsmart.co.uk/pdf/brief-history-of-smart-goals.pdf

Morisson, M. (2010). Geschiedenis van SMART-doelstellingen. *RapidBI*. [Online]. [Geraadpleegd op 31 maart 2015]. Beschikbaar op https://rapidbi.com/history-of-smart-objectives/

Prunier, Y. (2013). Un objectif SMART n'est pas la panacée. *Les Echos.fr*. [Online]. [Geraadpleegd op 31 maart 2015]. Beschikbaar op http://archives.lesechos.fr/archives/cercle/2013/04/10/cercle_70057.htm

Vincent, F. (2013). Créer des objectifs S.M.A.R.T., une formule magique en marketing. *Stratégie marketing PME*. [Online]. [Geraadpleegd op 31 maart 2015]. Beschikbaar op http://www.strategiemarketingpme.com/strategies/creer-objectifs-s-m-r-t-formule-magique-en-marketing/

Yemm, G. (2013). *Essential Guide to Leading Your Team: How to Set Goals, Measure Performance and Reward Talent*. New York: Pearson Education. pp. 37-39.

AANVULLENDE BRONNEN

Dallas, J. (2015). *Slimme Doelen: Alles wat je moet weten over het stellen van S.M.A.R.T.-doelen. Dream Big, Set Goals, Take Action*. Kindle Editions.

Gudger, J. (2013). *SMART Doelen: The Ultimate Goal Setting Guide*. Kindle Editions.

Scott, S. J. (2014). *Goals Made Simple – 10 Steps to Master Your Personal and Career Goals*. Kindle Editions.

We horen graag van jou! Laat
een reactie achter op jouw online bibliotheek
en deel je favoriete boeken op social media!

De uitgever garandeert de betrouwbaarheid van de gepubliceerde informatie, die echter niet onder zijn verantwoordelijkheid valt.

Master ISBN: 9782808063852
Papier ISBN: 9782808064149
Wettelijk depot: D/2022/12603/59

Digitaal ontwerp: Primento,
de digitale partner van uitgevers.